BEI GRIN MACHT SICH IHR
WISSEN BEZAHLT

- Wir veröffentlichen Ihre Hausarbeit, Bachelor- und Masterarbeit

- Ihr eigenes eBook und Buch - weltweit in allen wichtigen Shops

- Verdienen Sie an jedem Verkauf

Jetzt bei www.GRIN.com hochladen und kostenlos publizieren

Michel Hecking

Essay zum Artikel "Information Systems and environmentally sustainable development: Energy Informatics and new directions for the IS community" von Watson et al.

GRIN Verlag

Bibliografische Information der Deutschen Nationalbibliothek:

Die Deutsche Bibliothek verzeichnet diese Publikation in der Deutschen National-
bibliografie; detaillierte bibliografische Daten sind im Internet über http://dnb.d-
nb.de/ abrufbar.

Dieses Werk sowie alle darin enthaltenen einzelnen Beiträge und Abbildungen
sind urheberrechtlich geschützt. Jede Verwertung, die nicht ausdrücklich vom
Urheberrechtsschutz zugelassen ist, bedarf der vorherigen Zustimmung des Verla-
ges. Das gilt insbesondere für Vervielfältigungen, Bearbeitungen, Übersetzungen,
Mikroverfilmungen, Auswertungen durch Datenbanken und für die Einspeicherung
und Verarbeitung in elektronische Systeme. Alle Rechte, auch die des auszugsweisen
Nachdrucks, der fotomechanischen Wiedergabe (einschließlich Mikrokopie) sowie
der Auswertung durch Datenbanken oder ähnliche Einrichtungen, vorbehalten.

Impressum:

Copyright © 2011 GRIN Verlag GmbH
Druck und Bindung: Books on Demand GmbH, Norderstedt Germany
ISBN: 978-3-656-64070-7

GRIN - Your knowledge has value

Der GRIN Verlag publiziert seit 1998 wissenschaftliche Arbeiten von Studenten, Hochschullehrern und anderen Akademikern als eBook und gedrucktes Buch. Die Verlagswebsite www.grin.com ist die ideale Plattform zur Veröffentlichung von Hausarbeiten, Abschlussarbeiten, wissenschaftlichen Aufsätzen, Dissertationen und Fachbüchern.

Besuchen Sie uns im Internet:

http://www.grin.com/

http://www.facebook.com/grincom

http://www.twitter.com/grin_com

Georg-August-Universität Göttingen

Wirtschaftswissenschaftliche Fakultät
Professur für Informationsmanagement

Vorlesung Informationsmanagement

Essay zum Artikel Information Systems and environmentally sustainable development:

Energy Informatics and new directions for the IS community

Abgabe: 27.06.2011

Vorname: Michel

Name: Hecking

Wie können Informationssysteme dazu eingesetzt werden den Energieverbrauch zu senken? Diese Frage versucht der Artikel „Information Systems and environmentally sustainable development" von Watson et. al. zu beantworten. Die Autoren beschreiben darin, wie Informationssysteme in ein nachhaltiges Energiesystem integriert werden können und somit dazu beitragen den Energieverbrauch zu senken. Das Sammeln von Informationen über Energieverbrauch und die Verarbeitung der Daten durch entsprechende Informationssysteme kann dazu genutzt werden Energie und Ressourcen einzusparen.

In diesem Essay sollen die zentralen Aussagen der Autoren herausgearbeitet und kritisch hinterfragt werden. Zentral ist dabei die Frage, ob die Erhebung von Daten über den Energieverbrauch verschiedener Geräte dazu beitragen kann ein nachhaltiges Energiesystem zu schaffen.

Die grundsätzliche Meinung der Autoren, dass ein Informationssystem dazu eingesetzt werden kann in einem nachhaltigen Energiesystem Ressourcen und Energie einzusparen, wird auch in der Literatur vertreten (vgl. Watson et. al. 2010, 24; Franz et. al. 2006, 8, Block 2008, 5; The Boston Consulting Group 2009, 72). Durch Informationen über die Energienutzung der Verbraucher können die Energieversorger detaillierte Nutzenprofile erstellen. Diese werden dazu genutzt, die Bereitstellung der Energie sowie den Verbrauch der Energie beim Nachfrager nachhaltig zu optimieren. Daten und Informationen werden von einem zentral agierenden Informationssystem gesammelt, verarbeitet und bereitgestellt.

Um zu beschreiben, wie Informationssysteme dazu genutzt werden können Energie zu sparen, erstellen Watson et. al. ein Framework das aus zwei Parteien besteht, die in einem Energienetzwerk miteinander interagieren. Versorger stellen Energie, wie beispielsweise Erdgas oder elektrischen Strom, bereit oder bieten Services an, die Energie verbrauchen. Verbraucher konsumieren diese Energie oder nehmen energiekonsumierende Services in Anspruch. Beide Seiten sind daran interessiert Energie einzusparen, da dies gleichzeitig eine Reduzierung der Kosten bedeutet (vgl. Watson et al. 2010, 24-26). Watson et. al. gehen in ihren Ausführungen nicht auf Verbraucher ein, die auch die Rolle eines Versorgers einnehmen können. Elektrische Energie wird in zunehmendem Maß auch von privaten Haushalten selbst erzeugt und überschüssige Energie in das Stromnetz eingespeist. Diese Problematik erhöht die Anforderungen an ein integriertes Informationssystem zum Messen und Steuern des Energieverbrauchs und sollte bei der Entwicklung mitberücksichtigt werden (vgl. The Boston Consulting Group 2009, 47).

Flächendeckende Installation von Sensornetzwerken

Ein intelligentes Energiesystem besteht laut Autoren aus drei Technologien. Ein Fluss-netzwerk stellt den physischen Transport von Energie und Ressourcen bereit. Es um-fasst sowohl Pipelines, Stromnetze, Straßen, etc. als auch Klimasysteme in Gebäuden. Zur nachhaltigen Optimierung eines solchen Flussnetzwerks sind Informationen über z.b. Temperatur, Luftzusammensetzung, Aufenthaltsort oder Verkehrsaufkommen not-wendig.

Um diese Informationen messen zu können werden entsprechende Sensoren benötigt. Verschiedene solcher Sensoren werden zu Sensornetzwerken zusammengefasst und übertragen den Status eines physischen Gerätes oder Daten über seine Umwelt.

Sensibilisierte Objekte stellen physische Geräte dar, die Informationen über ihren aktu-ellen Gebrauch, z.b. aktueller Stromverbrauch ermitteln. Zusätzlich können einige sol-cher Geräte per Fernsteuerung an- oder abgeschaltet werden. So kann in Zeiten hoher Energielasten Strom eingespart werden (vgl. Watson et al. 2010, 26-27).

Mit den gesammelten Daten zu Energieverbräuchen können Energieversorger ihre Stromtarife exakt an die Nachfrage der Verbraucher anpassen. Energie wird in Zeiten hohen Bedarfs, z.b. tagsüber, teurer als in Zeiten kleinerer Nachfrage. Um die Energie-kosten möglichst gering zu halten, müssen sich Verbraucher nach den günstigsten Tari-fen richten. Da eine solche flexible Anpassung für einige Menschen einer Gesellschaft – wie z.b. Senioren oder Familien – nur schwer möglich ist, entsteht eine soziale Unge-rechtigkeit.

Um in jedem Haushalt und Unternehmen relevante Energiedaten erfassen zu können ist eine flächendeckende Installation entsprechender Geräte und Technologien notwendig. Jeder Haushalt muss mit geeigneten Geräten ausgestattet werden. Hierdurch entstehen Umrüst-, Anschaffungs-, sowie Wartungs- und Servicekosten, die vom Verbraucher oder Versorger getragen werden müssen. Die Umsetzung eines solchen Systems ist nur langfristig rentabel (vgl. The Boston Consulting Group 2009, 51).

Große Haushaltsgeräte, wie z.b. Kühlschränke, werden vom Verbraucher nur selten bzw in zeitlich großen Abständen neu angeschafft. Desweiteren sind Haushaltsgeräte mit neuartiger Technik zunächst teurer in der Anschaffung als vergleichbare Geräte ohne entsprechende Funktionen. Dies verzögert die flächendeckende Ausbreitung von Geräten, die vom Versorger extern gesteuert werden können. Somit können zunächst wenige Daten erhoben und Geräte ferngesteuert werden (vgl. The Boston Consulting Group 2009, 72; Franz 2006, 134).

Um die Technik für ein nachhaltiges Energiesystem flächendeckend verbreiten zu können, ist die Akzeptanz der Verbraucher notwendig. Um dies zu erreichen sollten keine
erhöhten Anforderungen an Komplexität und Bedienbarkeit der Geräte gestellt werden.
Bestenfalls arbeiten die Geräte automatisiert im Hintergrund und überfordern den Verbraucher in ihrer Bedienung nicht (vgl. Franz et. al 2006, 133-135).

Privatsphäre und Datenschutz

Die kontinuierliche Erfassung energierelevanter Daten im Haushalt – oder sogar die
externe Steuerung von Haushaltsgeräten – stellt einen massiven Eingriff in die Privatsphäre der Verbraucher dar (vgl. O.V. 2008, 2). Laut Watson et. al. könnten auch
Smart Phones dafür genutzt werden, dem Konsument Informationen über dessen Energieverbrauch bereitzustellen (vgl. Watson et. al. 2010, 31). Verbraucher stehen solchen
Eingriffen sehr kritisch gegenüber, wodurch die Verbreitung entsprechender Geräte und
Sensoren erschwert wird. In den Niederlanden scheiterte im Jahr 2009 die verpflichten-
de Einführung sogenannter Smart Meters am Protest der Bevölkerung. Diese Geräte
sammeln in jedem Haushalt Informationen über Energieverbräuche und senden diese an
den Energieversorger (vgl. Heck 2009, 1).

Das Informationssystem hat die Aufgabe Flussnetzwerke, Sensornetzwerke und sensibilisierte Objekte zu verknüpfen und zu einem System zusammenzufassen. Es soll Daten
des Sensornetzwerks sammeln, verarbeiten und die Ergebnisse an automatische Reg-
lereinheiten des Flussnetzwerks weiterleiten. Außerdem sollen die gesammelten Daten
Regierungen und Versorgern zur Verfügung gestellt werden (vgl. Watson et al. 2010,
27). In den Ausführungen von Watson et. al. spielt der Datenschutz keinerlei Rolle.
Exakte Informationen zu Energienutzung, z.B. von privaten Personen, können Rück-
schlüsse auf deren Wohnungsnutzung ermöglichen. Diese Daten könnten durch Krimi-
nelle, wie Einbrecher und Diebe, missbraucht werden. Hacker könnten Daten zum
Stromverbrauch abfangen und fälschen oder die Stromversorgung sogar komplett tren-
nen (vgl. Knoke 2010, 1; The Boston Consulting Group 2009, 72). Sowohl die Daten-
übertragung als auch die Speicherung der Informationen muss vor Datenklau geschützt
werden. Sichere Übertragungs- und Speichertechniken müssen das Informationssystem
vor unbefugtem Zugriff bewahren. Hier stehen Regierungen in der Pflicht durch Geset-
ze und Regularien einheitliche Standards festzulegen. In Deutschland beschäftigt sich
das

E-Energy Förderprogramm des Bundesministeriums für Wirtschaft und Technologie (BMWi) mit der Umsetzung eines intelligenten Energiesystems, welches durch den Einsatz von Informations- und Kommunikationstechnologie (IKT) unterstützt wird. Die Fachgruppe Recht übernimmt dabei die Aufgabe entsprechende Datenschutzregelungen zu erarbeiten und vorzuschlagen (vgl. BMWi 2011, 1).

Energieaufwand zur Datenerhebung und dessen Nutzen zum Energiesparen

Das Sensornetzwerk soll laut Watson et. al. kontinuierlich Daten sammeln und an das Informationssystem senden (2010, 27). Die Autoren gehen in ihren Ausführungen nicht auf den zusätzlichen Energie- und Ressourcenverbrauch ein, der durch die Infrastruktur des gesamten Energienetzwerks entsteht. Sowohl für die Herstellung der Sensorgeräte als auch für deren Entsorgung werden natürliche Ressourcen und Energien verbraucht. Für den Betrieb der Geräte ist elektrische Energie erforderlich. Die erfassten Daten werden mittels stromfressender Datenverbindung an den Versorger übermittelt. Das Informationssystem wird auf leistungsfähigen Computern betrieben, die mit elektrischer Energie betrieben werden. Um ein nachhaltiges System zu schaffen, muss durch den Einsatz des informationsunterstützten Energiesystems mehr Energie eingespart werden, als für den Aufbau und Betrieb des Systems benötigt wird.

Watson et. al. stellen die Frage, welche Daten nötig sind und in welcher Granularität Informationen benötigt werden, um ein Flussnetzwerk nachhaltig zu optimieren (2010, 30). Ein hoher Detaillierungsgrad führt zu einer größer werdenden Menge an Daten, die versendet, verarbeitet und gespeichert werden müssen. Darüber hinaus wird die Masse an Daten durch die Mess- und Übertragungshäufigkeit beeinflusst. Je öfter Informationen ermittelt und übertragen werden, desto mehr Daten müssen auch verarbeitet und gespeichert werden. Mit steigender Datenmenge und erhöhtem Detailierungsgrad wachsen auch die Anforderungen an das Informationssystem. Je mehr Daten verarbeitet und im Netzwerk versendet werden müssen, umso leistungsfähiger muss das Informationssystem sein. Je leistungsfähiger ein Informationssystem und die verwendeten Algorithmen arbeiten, umso mehr Energie wird für den Betrieb benötigt.
Damit Versorger und Verbraucher ihr Angebot und die Nachfrage steuern können, sollen die Daten möglichst in Echtzeit zur Verfügung gestellt werden (vgl. Watson et. al 2010, 26). Schnelle Datenverbindungen und Algorithmen resultieren jedoch in hohem Energieverbrauch. Aus der schnellen Verarbeitung und Bereitstellung der Daten folgen erhöhte Anforderungen an z.B. Speicherkapazität, Rechenleistung oder Übertragungs-

geschwindigkeit eines Informationssystems. Gleichzeitig führen diese Kriterien aber auch zu mehr Energieverbrauch.

Das Verhältnis vom Aufwand der Informationserhebung und dem sich daraus ergebenden Nutzen zum Energie sparen muss stimmen. Verbraucht die Erhebung von Informationen und deren Verarbeitung mehr Energie als sich dadurch einsparen lässt, arbeitet das Energiesystem nicht nachhaltig.

Sowohl die Wissenschaft, als auch Politik, Wirtschaft und Gesellschaft sind gefordert, nachhaltigen Energieverbrauch zu fördern und umzusetzen. Die Wissenschaft hat die Aufgabe, geeignete Methoden zu erforschen und durch die Lehre den ökologischen Gedanken in der Gesellschaft zu verwurzeln. Die Politik schafft die Rahmenbedingungen für ein nachhaltiges Energiesystem, das durch Wirtschaftsunternehmen umgesetzt wird. Dabei muss die Datensicherheit gewährleistet sein, um Missbrauch zu vermeiden. Die Gesellschaft muss den nachhaltigen Umgang mit Ressourcen und Energien verinnerlichen und Vertrauen in das Energiesystem entwickeln, um es nicht als massiven Eingriff in die Privatsphäre zu empfinden (vgl. Watson et. al. 2010, 23-33; Block et. al. 2008, 4-5; Buhl/Laartz 2008, 262-264).

Abschließend lässt sich festhalten, dass das Erfassen von Energiedaten eine Basis zur Optimierung des Energiesystems darstellt. Informationen über den Energieverbrauch ermöglichen Versorgern und Verbrauchern ihr Angebot bzw. ihre Nachfrage anzupassen. Mit dem eEnergy Projekt der Bundesregierung und der Einführung von Smart Meter Geräten in manchen privaten Haushalten sind bereits erste Schritte zu einem nachhaltigen Energiesystem, welches auf dem Sammeln von energierelevanten Informationen basiert, eingeleitet worden. Jedoch sollte das Verhältnis zwischen dem Beschaffen und Bearbeiten der Informationen und dem daraus resultierenden Nutzen hinsichtlich des Energieverbrauchs berücksichtigt werden. Zusätzliche Maßnahmen und Geräte bedeuten zunächst mehr Energieverbrauch, der langfristig durch den Nutzen ausgeglichen und übertroffen werden muss.

Literaturverzeichnis

Block, C., Bomarius, F., Bretschneider, P., Briegel, F., Burger, N., Fey, B., Frey, H., Hartmann, J., Kern, C., Plail, B., Praehauser, G., Schetters, L., Schöpf, F., Schumann, D., Schwammberger, F., Terzidis, O., Thiemann, R., van Dinther, C., von Sengbusch, K., Weidlich, A., Weinhardt, C., Internet der Energie - IKT für Energiemärkte der Zukunft - Die Energiewirtschaft auf dem Weg ins Internetzeitalter, Industrie-Förderung Gesellschaft mbH, Berlin, 2008

BMWi, E-Energy setzt sich für Datenschutz bei der Schaffung eines intelligenten Stromversorgungssystems ein, 07.06.2011, http://www.e-energy.de/de/1583.php, 3, 17.06.2011, 1

Buhl, H., Laartz, J., Warum Green IT nicht ausreicht - oder: Wo müssen wir heute anpacken, damit es uns übermorgen immer noch gut geht?, in: Wirtschaftsinformatik, 50 (2008) 4, 261-265

Franz O., Wissner M., Büllingen F., Gries C., Cremer C., Klobasa M., Sensfuß F., Kimpeler S., Baier E., Lindner T., Schäffler H., Roth W., Thoma M., Potenziale der Informations- und Kommunikationstechnologie zur Optimierung der Energieversorgung und des Energieverbrauchs (eEnergy), 21.12.2006, http://www.bmwi.de/BMWi/Redaktion/PDF/Publikationen/Studien/e-energy-studie,property=pdf,bereich=bmwi,sprache=de,rwb=true.pdf, 172, 22.06.2011, 133-134

Heck, W., Smart energy meter will not be compulsory, 08.04.2009, http://vorige.nrc.nl/international/article2207260.ece/Smart_energy_meter_will_not_be_compulsory, 2, 17.06.2011, 1

Knoke, F., "Intelligente" Stromzähler als Einfallstor für Hacker, 30.03.2010, http://www.spiegel.de/netzwelt/web/0,1518,686431,00.html, 2, 17.06.2011, 1

O.V., Stellungnahme des Bundesrates: Entwurf eines Gesetzes zur Öffnung des Mess-wesens bei Strom und Gas für Wettbewerb, 15.02.2008, http://www.bundesrat.de/cln_171/nn_8336/SharedDocs/Drucksachen/2008/0001-0100/14-08_28B_29,templateId=raw,property=publicationFile.pdf/14-08%28B%29.pdf, 3, 17.06.2011, 2

The Boston Consulting Group; SMART 2020 Addendum Deutschland: Die IKT-Industrie als treibende Kraft auf dem Weg zu nachhaltigem Klimaschutz, 2009.

Heck, W., Smart energy meter will not be compulsory, 08.04.2009, http://vorige.nrc.nl/international/article2207260.ece/Smart_energy_meter_will_not_be_compulsory, 1, 15.06.2011, 1

Watson, R., Boudreau, M-C., Chen, A., Information systems and environmentally sustainable development: Energy Informatics and new directions for the IS community, in: MIS Quarterly, 34 (2010) 1, 23-38